# Komm mit raus!

Carmen Dahlem

OZcreativ

# Liebe Leserin,

was gibt es Schöneres als strahlende Kinderaugen bei spannenden Spielaktionen im Freien?

Mit diesen tollen Modellen für Kinder im Alter von 0 bis 10 Jahren gelingt es Ihnen ganz leicht, auch Ihren Schatz für den Spielspaß draußen zu begeistern. Viele schöne Stunden – mit tollen Entdeckungen, Bewegung und einer Menge Spaß – gehen wie im Flug vorbei.

Alle Spielsachen sind praktisch und für unterwegs konzipiert: leicht und schnell ist alles eingepackt und zum Spielen noch schneller wieder ausgepackt. Motorik, Koordination und Geschicklichkeit werden spielerisch gefördert und die Modelle machen Lust, die Natur neu zu entdecken.

Darüber hinaus wurde alles von Kindern auf Tauglichkeit, Material und Spielspaß getestet und für gut befunden. Einige Modelle konnte ich nach der letzten Naht nicht schnell genug verstecken: Sie sind gleich in Beschlag genommen worden.

Auch wenn einige Spielsachen aufwändig wirken, sie sind doch von AnfängerInnen nähbar. Manches geht ratzfatz, einige Modelle benötigen etwas mehr Zeit – aber es lohnt sich auf alle Fälle. Ihre lieben Kleinen haben jahrelang Spaß und Sie werden auf Spielplätzen beneidet – garantiert!

Nun ran an die Maschine und viel Spaß beim Nähen und draußen Spielen wünscht
*Ihre*

Noch mehr Ideen, Tipps und Tricks finden Sie auf meinem Blog
*www.griffbereit-design.de*

4

# Inhalt

4    Vorwort

5    Inhalt

6    Fahrt ins Blaue
Lenkertasche

8    Meine kleine Welt
Spiellandschaft

11   Alle Neune
Kegelspiel

14   Mit vollem Schwung
Hängemattenschaukel

16   Petri Heil
Angelspiel

18   Malspaß für unterwegs
Einrollbare Maltafel

20   Oase zum Mitnehmen
Isolierender Trinkflaschenhalter

23   Alles griffbereit
Utensilo

26   Auf zu neuen Abenteuern
Expeditionstasche mit Gürtel

28   Hopp, hopp, hopp –
Pferdchen lauf Galopp
Pferdegeschirr

30   Mein Sommermärchen
Wasserballhülle

32   Treffpunkt Basislager
Spielzelt

34   Für Superhelden
Handtuchcape

36   Über den Wolken
Einleinerdrachen ohne Gestänge

38   Selber GROSS
Sitzerhöhung

40   Du bist dran
Spiralmäppchen mit Leiterspiel

42   Auf Expeditionstour
Outdoorweste

44   Fliegende Untertassen
Frisbee

46   Auf die Plätze – fertig – los
Hüpfsack

48   Schmeiß Dich ran
Geländewurfspiel

50   Unverzichtbarer Begleiter
Sicherheitsgurt für Stofftiere

52   Sonne, Strand und Sand
Tragebeutel für Sandelsachen

54   Ins Netz gegangen
Kescher

56   Volle Fahrt voraus
Rutschkissen

58   Materialien und Zubehör

59   Grundbegriffe des Nähens

60   Nähtechniken

63   Impressum,
Herstellernachweis, Hotline

Wie aufwändig ist das Modell?

● = einfach und schnell

●● = mit geringem Aufwand

●●● = etwas aufwändiger

# Fahrt ins Blaue

Lenkertasche · Größe ca. 18 x 15 x 8 cm · Vorlagen 1a bis c in Grau auf Bogen A · Aufwand ● ●

Ein Accessoire, das zu jedem Gefährt einfach dazugehört. Alles Wichtige findet so seinen Platz. Auch Teddy oder Trinkflasche sind dank Sicherungsschlaufe abfahrbereit.

## Material

- je 25 x 55 cm Wachstuch als Futter (Stoff A) und Außenstoff (Stoff B)
- 15 x 120 cm Wachstuch für die Seiten (Stoff C)
- 35 x 60 cm aufbügelbare, lederähnliche Einlage
- 35 x 60 cm aufbügelbares Volumenvlies
- 20 cm Gurtband , 20 mm breit (bzw. 140 cm und 2 Karabiner für den Schulterriemen)
- 60 cm back-to-back-Klettband, 20 mm breit
- 30 cm Hutgummi
- 1 Kordelstopper mit Mittelsteg
- 2 D-Ringe, 20 mm
- optional für fortgeschrittene Näherinnen: 55 cm Reflexpaspel

## Zuschnitt

- Taschenteile siehe Schnitt
- 3 x 20 cm Klettband, 2x 10 cm Gurtband

### Tipp:
Mit einem an die D-Ringe geklippten Gurt kann die Tasche auch über der Schulter getragen werden.

## So wird's gemacht

Bügeln Sie vorsichtig (mit Backpapier oder Bügeltuch) die Einlage auf die linke Seite des Außenstoffs und das Volumenvlies auf die linke Seite des Futters. Ziehen Sie jeweils einen D-Ring auf die kurzen Gurtbänder und nähen die Schlaufen wie eingezeichnet auf den äußeren Seitenstreifen. Nähen Sie die Klettbänder wie eingezeichnet mittig auf das äußere Taschenrückenteil.

Nähen Sie die Futterteile zusammen: den Seitenstreifen rechts auf rechts auf das Taschenvorderteil (siehe Seite 60), dann die andere Kante des Seitenstreifens rechts auf rechts zwischen den ★ auf das Taschenrückenteil. Nähen Sie dabei nur bis zum ★ (1 cm vor der Kante des Seitenstreifens) und lassen Sie an einer Seite ein Wendeloch von ca. 6 cm offen. Nähen Sie das Hutgummi mit aufgefädeltem Kordelstopper auf den Seitenstreifen, s. Schnitt. Nähen Sie die Außentasche wie eben beschrieben zusammen, fassen Sie dabei zwischen Vorderteil und Seitenstreifen die Paspel mit.

Wenden Sie die äußere Tasche und stülpen sie rechts auf rechts in die Futtertasche, sodass alle Nähte und Schnittkanten aufeinanderliegen. Nähen Sie die vorderen Taschenkanten aufeinander (ohne das Hutgummi mitzufassen). Beginnen Sie hierbei exakt im Nahtende zwischen Seitenstreifen und Rückenteil und enden Sie am gleichen Punkt auf der anderen Taschenseite. Nähen Sie nun die Taschenklappen ebenfalls exakt zwischen den Ansatzpunkten zusammen. Schneiden Sie alle Nahtzugaben an Ecken und Rundungen ein und wenden Sie die Tasche. Schließen Sie die Öffnung von Hand. Zum Schluss können Sie noch Druckknöpfe in die Deckelklappe (siehe Schnitt) und auf entsprechender Höhe in das Vorderteil einarbeiten.

# Meine kleine Welt

Spiellandschaft · Größe ca. 140 x 95 cm · Vorlage 2a, b und d bis g, Schema und Zuschneidepläne auf Bogen A · Aufwand ● ● ●

Liegewiese mit Spielgelände für Autorennen oder Genusstouren durch eine abwechslungsreiche Landschaft. Allerlei Tiere tummeln sich auf Feld und Wiese.

## Material

- 150 x 100 cm Frottier in Grün
- je 65 x 140 cm Baumwollstoff in Grün mit großen Punkten (Stoff A) und kleinen Punkten (Stoff B)
- je 30 x 140 cm Baumwollstoff in Grün mit Streifen (Stoff C) und Blau mit großen Punkten (Stoff D)
- 20 x 65 cm Baumwollstoff in Gelb mit großen Punkten (Stoff E)
- 70 x 140 cm Baumwollstoff in Grau (Stoff F)
- 25 x 40 cm Baumwollstoff im Autodesign (Stoff G)
- 140 x 90 cm doppelseitig aufbügelbares Vlies
- 3 einschlagbare Druckknöpfe, Ø ca. 12 mm
- Nähgarn in Grau, Gelb und Blau
- Stickgarn in Weiß oder Stoffmalfarbe in Weiß

## Zuschnitt

- Stoff A: 38 x 134 cm, 1x Tasche (Teil d)
- Stoff B: 36 x 134 cm, 1x Tasche (Teil d)
- Stoff C: 27 x 134 cm
- Stoff D: 14 x 134 cm, 1x See (Teil e)
- Stoff E: 1x Kornfeld (Teil f), 2x Maisfeld (Teil g)
- Stoff G: 1x Tasche (Teil d)
- Stoff F und Vlies: siehe Zuschneideplan und Anleitung

## So wird's gemacht

Die Nahtzugaben sind jeweils 1 cm breit.

Bügeln Sie ein 135 x 14 cm großes Stück Vlies auf die linke Seite von Stoff D. Zeichnen Sie eine geschwungene Flussuferlinie auf das Schutzpapier, siehe Zuschneideplan, und schneiden Sie den Fluss entlang der gezeichneten Linie und der Vlieskante aus. Schneiden Sie den See grob aus Vlies aus und bügeln ihn ebenfalls auf Stoff D. Schneiden Sie den See exakt aus. Ziehen Sie das Schutzpapier vom Fluss ab, bügeln den Fluss auf Stoff B, sodass die geraden Kanten aufeinanderliegen und applizieren die geschwungene Flussuferlinie (s. S. 60). An die andere Längskante nähen Sie rechts auf rechts den Streifen aus Stoff C und daran dann den Streifen aus Stoff A. Bügeln Sie die Nahtzugaben jeweils auseinander. Zeichnen Sie die Straßenteile a bis c wie im Zuschneideplan gezeigt auf das Vlies. Schneiden Sie alle Teile zusammen entlang der gestrichelten Linie ab, bügeln Sie das Vlies auf den grauen Stoff und schneiden die Teile exakt aus. Schneiden Sie jetzt auch die Tasche in Grau zu. Ziehen Sie das Schutzpapier ab und nähen die Straßenteile rechts auf rechts aneinander, siehe Schema. Streichen Sie die Nahtzugaben mit den Fingern auseinander. Bügeln Sie Ihre Strecke links auf rechts auf das Spielfeld und applizieren die Straßenränder. Nach Belieben können Sie den Mittel- und die Randstreifen aufsteppen oder mit Stoff-Farbe aufmalen. Die Felder schneiden Sie ebenfalls zunächst grob aus Vlies und nach dem Aufbügeln exakt aus Stoff zu. Applizieren Sie See und Felder wie oben beschrieben passend zu Ihrer Strecke.

Als Nächstes nähen Sie die Taschen für die Autos (Stoff F innen, Stoff G außen) und die Spielfiguren (Stoff B innen, Stoff A außen). Nähen Sie die Taschenteile jeweils am Eingriff rechts auf rechts aufeinander, wenden Sie die Teile, dass die

Stoffe links auf links liegen und steppen den Eingriff schmal ab. Klappen Sie an beiden Seiten die Taschenklappen an der Dreiecksmarkierung nach oben, sodass die Taschenklappen rechts auf rechts aufeinanderliegen und der Tascheneingriff dazwischen liegt. Nähen Sie die Taschen bis auf eine Wendeöffnung rundum zusammen. Wenden Sie die Tasche, schließen Sie die Öffnung von Hand und steppen die Taschenklappe schmal ab. Montieren Sie die Druckknöpfe.

Wenn Sie möchten, können Sie vor dem Annähen der Tasche noch ein Parkplatz „P" auf die Innenseite des Autotaschendeckels applizieren.

Nähen Sie die aufgeklappten Taschen knapp oberhalb der Tascheneingriffe mit dem Taschenrücken auf das Spielgelände (siehe Foto S. 9).

Zum Schluss legen Sie den Frottier rechts auf rechts auf das Spielgelände und nähen die Schmalseiten zusammen. Legen Sie alles plan hin und richten Sie den Spielplan mittig aus, sodass an den Schmalseiten ca. 4 cm Frottier zum Spielgelände hin überlappen. Nähen Sie die langen Kanten ebenfalls zusammen. Lassen Sie jedoch an einer Seite ein Wendeloch von ca. 20 cm offen. Wenden Sie alles durch die Öffnung und schließen Sie diese von Hand.

# Alle Neune

Kegelspiel · Größe je Wichtel ca. 10 x 30 cm · Vorlagen 3a bis d auf Bogen A · Aufwand ● ● ●

Der Klassiker in neuer Interpretation. Für die Kleinsten als erstes Spiel in der Wohnung, für die Größeren wird Kegeln im Gelände zur spaßigen Herausforderung.

## Material

- je 25 cm beschichteter Baumwollstoff in Grünkariert und je 15 cm in Blaugestreift, Rotgepunktet und Beige, jeweils 140 cm breit
- 10 x 15 cm lederähnliche, aufbügelbare Vlieseinlage
- Füllwatte
- Softgranulat
- Nylonstrumpfhose
- Backpapier

## Zuschnitt

- 11,5 x 140 cm und 11,5 x 50 cm in Grünkariert
- je 6 x 140 cm und 6 x 50 cm in Blaugestreift und Beige
- 5 Kreise (Teil b, äußere Linie) in Grünkariert
- 5 Kreise (Teil b, gestrichelte Linie) aus Vlieseinlage
- 5x Wichtelmütze (Teil c) in Rotgepunktet
- je 2x Ballsegment (Teil d) in Grünkariert, Blaugestreift und Rotgepunktet

## So wird's gemacht

### Wichtel:

0,5 cm breite Nahtzugaben sind in allen Schnitt-Teilen bereits enthalten. Nähen Sie als Erstes die grünen Stoffstreifen rechts auf rechts der Länge nach an die passenden blauen Streifen. Bügeln Sie die Nahtzugaben vorsichtig zum grünen Stoff. Legen Sie am besten Backpapier als Schutz auf den Stoff.

Nun nähen Sie die beigefarbenen Streifen an die blauen Streifen und bügeln die Nahtzugaben zum blauen Stoff. Schneiden Sie das Körperteil a 20x aus den zusammengesetzten Stoffstreifen aus. Die Nähte treffen dabei auf die Markierungen im Schnitt-Teil. Für einen Wichtel nähen Sie jeweils 2x 2 Wichtelteile rechts auf rechts an einer geschwungenen Kante aufeinander. Nähen Sie am Kopf nur bis zum eingezeichneten Nahtende ●, nicht bis zur Stoffkante. Die Verbindungsnähte zwischen den einzelnen Stoffstreifen müssen hierbei aufeinandertreffen. Nähen Sie die beiden Wichtelhälften rechts auf rechts zusammen. Lassen Sie dabei an einer Naht am Kopf ein Wendeloch von ca. 3 cm offen. Verfahren Sie bei den anderen 4 Wichteln in der gleichen Weise. Für die Böden bügeln Sie jeweils die Vlieseinlagen mittig auf die linken Seiten der Stoffkreise und setzen diese Kreise rechts auf rechts in die Bodenöffnungen ein. Die Kreismarkierungen treffen dabei jeweils auf die Nähte.

Wenden Sie die Wichtel. Schneiden Sie Ihre Strumpfhosenbeine in 5 gleichgroße Schläuche und knoten diese an einer Seite fest zu. Füllen Sie so viel Softgranulat ein, dass der untere Zentimeter des Wichtels damit gefüllt wird. Knoten Sie das andere Ende des Schlauchs zu, stopfen den Schlauch in den Wichtel und füllen den Rest soweit fest mit Füllwatte aus, dass sich der Boden noch nicht wölbt. Nähen Sie das Wendeloch zu und formen den Wichtel. Für die Wichtelmützen nähen Sie jeweils die Längskanten des Dreiecks rechts auf rechts zusammen. Schneiden Sie die Nahtzugaben an der Spitze stark zurück und wenden die Mütze. Schlagen Sie die untere Kante 1x schmal nach innen um und steppen den einfachen Saum. Nähen Sie die Mütze mit ein paar Handstichen auf den Kopf des Wichtels, sodass die Wendeöffnug verdeckt wird.

### Ball:

Nähen Sie je ein blaues, grünes und rotes Teil rechts auf rechts mit 0,5 cm Nahtbreite aneinander. Beginnen und enden Sie an den Ecken am eingezeichneten Nahtende ●, nicht an der Stoffkante. Nun haben Sie 2 halbe Bälle. Diese Ballhälften setzen Sie ebenfalls rechts auf rechts aufeinander und nähen sie bis auf ein Wendeloch von ca. 3 cm rundum zusammen. Wenden Sie den Ball und füllen ihn sehr fest mit einem Gemisch aus Füllwatte und Softgranulat. Nähen Sie das Wendeloch unsichtbar von Hand zu.

# Mit vollem Schwung

Variable Hängemattenschaukel · Größe 105 x 185 cm (ohne Seile) · Aufwand ● ●

Diese Hängemattenschaukel bietet alles: Sie ist Schaukelsitz und Schaukeltuch in einem!
Vom Träumen bis zum Toben ist alles möglich.

## Material

- 2,6 m fest gewebtes Baumwolltuch, 150 cm breit
- 125 cm Gurtband
- ca. 6 m Bergseil, Ø ca. 7 mm
- eventuell zusätzliche Bandschlingen oder Bergseil zum Einhängen der Hängematte mit den Karabinern
- 2 Karabiner

## Zuschnitt

- Aus Baumwolltuch: je 2 Streifen á 32 x 145 cm und 32 x 65 cm
- 1 Rechteck á 150 x 157 cm
- 8x 15 cm Gurtband, Schnittkanten verschmolzen

### Tipp:

Wenn das Seil durch alle 4 Tunnel gezogen wird, können Sie durch Verschieben des Stoffes aus der Hängematte eine Sitzschaukel mit hinten hoch und vorne flach gezogener Seite machen. Wenn Sie das Seil nur durch die kurzen Tunnel ziehen, haben Sie ein Schaukeltuch. Maximale Belastung: 80kg

## So wird's gemacht

Legen Sie alle Streifen rechts auf rechts der Länge nach zusammen und nähen Sie die Längskanten aufeinander. Wenden Sie die Streifen und bügeln sie flach. Fassen Sie dann jeweils die kurzen Kanten mit dem Gurtband ein, indem Sie das Band der Länge nach falten, um die Kante legen und an der Bandkante schmalkantig festnähen.

Falten Sie die 4 Streifen der Länge nach und bügeln die Bruchkante gut ein.

Falten Sie das große Rechteck rechts auf rechts entlang des Fadenlaufs in der Mitte zusammen. Jetzt nähen Sie die 3 offenen Seiten bis auf ein Wendeloch von 10 cm aufeinander. Schneiden Sie die Nahtzugaben an den Ecken zurück, wenden Sie die Hängematte und schließen Sie das Wendeloch. Bügeln Sie die Kanten schön aus. Als Nächstes fassen Sie die Hängematte mit den 4 Streifen ein. Hierzu schieben Sie einen gebügelten Streifen 5 cm weit über eine Hängemattenkante, sodass der Streifen die Matte einschließt. An den Ecken guckt die Hängematte noch jeweils 5 cm heraus. Nähen Sie alle Stofflagen füßchenbreit entlang der Streifenkante fest. Für eine höhere Stabilität nähen Sie erneut mit 3 cm Abstand zur ersten Naht und anschließend mit einem breiten Dreifachzickzackstich zwischen beiden Nähten nochmals alles zusammen. Nähen Sie die anderen 3 Streifen wie eben beschrieben an die Hängematte.

Fädeln Sie das Bergseil der Reihe nach durch alle 4 angenähten Streifentunnel und knoten die Enden mit einem stabilen Knoten zusammen. Ziehen Sie an den Ecken das Seil aus den Tunneln, sodass sich Schlaufen bilden. Verbinden Sie jeweils 2 Schlaufen einer Schmalseite mit einem Karabiner. So können Sie die Hängematte an einen dicken Ast, an Klettergeräte o. Ä. hängen.

# Petri Heil

Angelspiel · Größe ca. 21 x 21 x 26 cm · Vorlagen 5a bis e auf Bogen A · Aufwand ● ●

Das portable Angelspiel begeistert Jung und Alt. Die magnetischen Meerestiere und die Angeln sind in ihrem „Wasser" sehr gut aufgehoben.

## Material

- 80 x 90 cm Baumwollstoff in Blau mit großen Punkten
- 78 cm vorgefalztes Baumwollschrägband in Blau mit kleinen Punkten
- aufbügelbares Volumenvlies
- aufbügelbare Vlieseinlage für feste Stoffe
- Moosgummi in 5 bis 7 verschiedenen Farben
- wasserfester Klebstoff für Moosgummi
- Magnetscheiben, Ø ca. 15 mm, 2–3 mm hoch
- je Angel 1 Holzkugel, Ø 35 mm, oder 1 Holzstab und 60 cm Kordel
- 20 bis 25 Motivknöpfe
- 160 cm Zierband, ca. 5 mm breit
- wasserfester Fineliner in Schwarz

## Zuschnitt

- 4x Meeresteil (Teil a) aus blauem Stoff mit gerader Oberkante
- 2x Meeresteil (Teil a) ohne NZ (= gestrichelte Linie) und ohne Wellen aus Volumenvlies (siehe Schnitt)
- 2x Meeresteil (Teil a) aus Vlieseinlage ohne Nahtzugabe (= gestrichelte Linie) und mit Wellenkante (keine gegengleichen Teile! Wellen zeigen alle in dieselbe Richtung)
- für die Meerestiere und den Haken Teile jeweils doppelt zuschneiden, für die Fische zusätzlich noch 1 Flossenteil d

## So wird's gemacht

Bügeln Sie auf je 2 Stoffrückseiten Vlieseinlage (= Außenstoff) und Volumenvlies (= Futter). Nähen Sie jeweils die beiden Teile an einer Seitenkante rechts auf rechts zusammen und bügeln die Nahtzugaben auseinander. Für den Kordeldurchzug falten Sie das Schrägband an den Schnittkanten etwas auseinander und bügeln die Schnittkanten 5 mm nach innen. Danach falten Sie die vorgefalzten Kanten wieder ein und steppen die Schmalseiten ab. Steppen Sie das Band an den Längskanten schmalkantig wie eingezeichnet auf die rechte Seite des Außenstoffs, sodass das Band jeweils 1,5 cm vor der Stoffkante endet.

Stecken Sie Futter und Außenstoff rechts auf rechts aufeinander. Steppen Sie die Teile exakt an der Wellenkante der aufgebügelten Vlieseinlage zusammen. Danach schneiden Sie den überstehenden Stoff bis auf 3 mm an die Wellenkante zurück und die Nahtzugaben an jeder Welle ein (siehe Seite 60). Nähen Sie die Seitennähte von Futter und Außenstoff mit einer Naht rechts auf rechts zusammen, sodass die Wellennähte aufeinandertreffen. Lassen Sie im Futter ein Wendeloch von ca. 5 cm offen. Steppen Sie jeweils die Bodennähte rechts auf rechts aufeinander. Um die Bodenecken zu nähen, legen Sie jeweils die Bodennaht rechts auf rechts auf die Seitennaht und schließen die Naht zwischen den ★. Wenden Sie das Teil, bringen alle Kanten in Form und schließen das Loch. Nähen Sie die Knöpfe auf (s. Foto) und ziehen Sie das Band durch den Tunnel. Die Fische schneiden Sie aus Moosgummi aus (je 2 Fischhälften und 1 Flossenteil). Kleben Sie das Flossenteil und die Magnetscheibe zwischen 2 Fischhälften und malen das Gesicht auf. Für die Angel kleben Sie einen Magneten zwischen 2 Fischerhakenteile und nähen den Haken von Hand an ein geknotetes Kordelende. Befestigen Sie die Kordel an einer Greifkugel oder einem Holzstab.

# Malspaß für unterwegs

**Einrollbare Maltafel** · Größe ca. 45 x 30 cm · Vorlage 6a bis c auf Bogen A · Aufwand ●

Für kleine und große Künstler bietet diese rollbare Tafel einen idealen Zeitvertreib. In dem Täschchen sind Kreiden und ein Tuch gut aufgehoben.

## Material

- 35 x 45 cm Tafelstoff
- 35 x 80 cm Wachstuch
  (oder Baumwollstoff und aufbügelbare, transparente Schutzfolie)
- 1 einschlagbarer Druckknopf, Ø ca. 12 mm
- 80 cm kariertes Zierband, ca. 5 mm breit
- Kreide
- Mikrofasertuch
- 40 cm (nur für das Tafelwischtuch) oder 180 cm vorgefalztes Baumwollschrägband (für Tafel und Tuch), fertige Breite 1 cm

## Zuschnitt

- je 1x Tafel (Teil a) im Stoffbruch aus Tafelstoff und Wachstuch
- 2x Taschenteil b und 1x Taschenteil c im Stoffbruch aus Wachstuch

### Tipp:

Bemalen Sie den Tafelstoff einmal vollständig mit Kreide und waschen alles ab. Danach malt es sich schöner. Zum Wegwischen der Kunstwerke können Sie auch Kosmetik-Naturschwämmchen oder Puderquasten verwenden.

## So wird's gemacht

Als Erstes nähen Sie die Tasche. Falten Sie das Taschenteil c an der oberen Kante (= Tascheneingriff) links auf links und steppen die Kante schmal ab. Legen Sie ein Taschenteil b mit der linken Seite nach unten hin, darauf legen Sie das Taschenteil c und darauf das 2. Taschenteil b mit der linken Seite nach oben. Die Unterkanten liegen alle bündig aufeinander. Nähen Sie die Teile an den Seiten und der Rundung mit 0,75 cm Nahtbreite zusammen. Schneiden Sie die Nahtzugaben an den Rundungen ein und wenden Sie die Tasche. Steppen Sie die Unterkanten füßchenbreit aufeinander. Montieren Sie die Druckknopfteile wie eingezeichnet. Legen Sie die geschlossene Tasche auf die rechte Seite des Tafelstoffs (siehe Schnitt), sodass die Klappe auf dem Tafelstoff liegt. Nähen Sie die Tasche auf der Nahtzugabe des Tafelstoffs fest. Halbieren Sie das Zierband und legen die Stücke auf die Nahtzugabe in der Taschenmitte (siehe Schnitt). Fixieren Sie das Band auch mit ein paar Stichen. Legen Sie das Wachstuch rechts auf rechts auf den Tafelstoff und nähen Sie beide Stofflagen 0,75 cm breit zusammen. Fassen Sie hierbei die Tasche noch einmal mit und lassen ein Wendeloch von ca. 5 cm offen. Wenden Sie das Teil und schließen die Öffnung mit unsichtbaren Stichen. Zum Schluss können Sie die Außenkanten noch schmal absteppen.

Wenn Sie die Tafel zu Hause wie ein Platzset nutzen möchten, können Sie auch anstelle des Wachstuches einen Ihrer Lieblingsstoffe mit aufbügelbarer Schutzfolie wasserfest ausrüsten. Nähen Sie hierzu den laminierten Stoff links auf links auf den Tafelstoff und fassen Sie die Kanten mit Baumwollschrägband ein.

Für ein Wischtuch schneiden Sie aus einem Mikrofasertuch z. B. einen Kreis aus (kleiner Teller) und fassen die Schnittkante mit Schrägband ein (s. Seite 61).

# Oase zum Mitnehmen

Isolierender Trinkflaschenhalter (ca. 500 ml) · Höhe ca. 18 cm, Ø ca. 8 cm · Vorlage 7a und c bis e auf Bogen A · Aufwand ● ●

Durst? Jetzt kann die Trinkflasche immer und überall dabei sein. Die Hülle sieht nicht nur gut aus, durch die Isolierungsschicht bleibt auch alles länger warm oder kalt.

## Material

- 20 x 30 cm Baumwollstoff mit großen Motiven (Stoff A)
- 10 x 40 cm Baumwollstoff mit kleinem Muster (Stoff B)
- 70 x 20 cm wasserabweisender Futterstoff (Stoff C)
- 20 x 40 cm Thermovlies
- 50 cm Hutgummi
- 1 Kordelstopper
- 2 D-Ringe, 20 mm
- 1 Dreisteg, 20 mm
- 2 Karabiner, 20 mm
- 155 cm Gurtband, 2 cm breit

## Zuschnitt

- Stoff C: 1x Futterteil a, 1x Tunnelzugbund b à 27 x 8 cm und 1x Boden e
- Stoff A: 1x Zylinderteil c
- Stoff B: 1x Zylinderteil d und 1x Boden e
- Thermovlies: 1x Futterteil a und 1x Boden e, beides ohne Nahtzugabe (= gestrichelte Linie)
- Gurtband: je 1 Stück à 7, 25 und 120 cm

Sichern Sie alle Gurtschnittkanten durch Verschmelzen.

## So wird's gemacht

Legen Sie den Boden aus Thermovlies mittig auf die linke Seite des Bodens aus Stoff C. Steppen Sie beide Lagen wie im Schnitt eingezeichnet zusammen. Legen Sie die Teile a aus Futter und Thermovlies links auf links mittig aufeinander und steppen auch diese Lagen wie eingezeichnet zusammen. Für den Tunnelzugbund schlagen Sie die Schmalseiten von Teil b 2x 1 cm breit nach links um und steppen den Saum fest. Falten Sie den Bund längs links auf links zur Hälfte. Legen Sie nun den Tunnel wie eingezeichnet auf die rechte Seite des Futterteils a, sodass die Schnittkanten aufeinanderliegen. Nähen Sie den Tunnel fest.

Falten Sie Teil a rechts auf rechts und nähen Sie die Seitenkanten bis auf eine Wendeöffnung von 5 cm zusammen. Als Nächstes nähen Sie den abgesteppten Boden rechts auf rechts an die untere Zylinderöffnung, beachten Sie dabei die Nahtzeichen. Schneiden Sie die Nahtzugaben ein.

Für die Außenhülle nähen Sie zunächst das Teil c an einer Längskante rechts auf rechts an Teil d. Für die Schlaufen fädeln Sie einen D-Ring auf das kurze Gurtband, legen es zur Hälfte und nähen es mit der Schlaufe Richtung Stoffmitte wie eingezeichnet bei ① fest. Auf Position ② nähen Sie als Griff auf die Nahtzugabe ein Ende des mittleren Gurtbandes. Auf das andere Bandende fädeln Sie ebenfalls einen D-Ring, schlagen das Gurtende ca. 4 cm nach hinten in Richtung Stoff um, sodass der Ring in der Schlaufe liegt und nähen die Schlaufe 1 cm unterhalb der Nahtzugabe an Position ③ auf den Stoff.

Nähen Sie dann auch hier die Seitennähte aufeinander und setzen den Boden ein. Wenden Sie den Zylinder und schieben ihn in den Futter-Zylinder, die rechten Stoffseiten und die Seitennähte liegen aufeinander. Achten Sie darauf, dass die Aufhängegurte und der Tunnelzugbund zwischen beiden Stofflagen liegen

Tipp:

Die Maße sind entsprechend der meisten handelsüblichen Baby-, Kinder- und Sport-Trinkflaschen gewählt. Haben Sie eine höhere Trinkflasche, dann verlängern Sie einfach die Höhe des Zylinders um die fehlenden Zentimeter.

und nicht mitgefasst werden. Steppen Sie die oberen Kanten rundum zusammen. Wenden Sie die Hülle und schließen Sie die Wendeöffnung von Hand.

Ziehen Sie das Hutgummi durch den Tunnel, fädeln den Kordelstopper auf die Enden und sichern diese mit einem Knoten.

Nähen Sie das lange Gurtband zum Tragegurt zusammen wie auf Seite 61 beschrieben.

Möchten Sie Ihre Trinkflasche an einen Lenker hängen? Sie können ein Haargummi und einen Knopf jeweils rechts und links unten an den Gurtgriff nähen (siehe Schnitt) und damit die Flasche am Lenker befestigen.

# Alles griffbereit

Utensilo · Größe ca. 43 x 57 cm · Vorlagen 8a bis f in Rot auf Bogen A · Aufwand ● ●

Gegen die Langeweile bei langen Autofahrten hilft nur Spielen. Dieser bunte Ordnungshelfer mit vielen Taschen und Abfallbehälter hilft, alles griffbereit und sauber zu haben.

## Material

- 50 x 120 cm fester Baumwollstoff in Anthrazit (Stoff A)
- 50 x 60 cm stabile, aufbügelbare Einlage
- 4 verschiedene Baumwollstoffe in Türkis-Pink, je 20 x 60 cm (Stoff B–E)
- 150 cm gepunktetes Baumwollschrägband in Türkis und 390 cm gepunktetes Baumwollschrägband in Pink (Ränder jeweils vorgefalzt, fertige Breite 1 cm)
- 40 cm Klettband (jeweils Haken- u. Flauschband)
- 1 D-Ring, 20 mm
- 1 einschlagbarer Druckknopf, Ø ca. 12 mm

Für den Abfallbecher:
- 2 verschiedene Baumwollstoffe, je 25 x 45 cm (Stoffe F und G)
- 25 x 40 cm aufbügelbares Volumenvlies
- 1 Karabiner, 20 mm
- leerer 500g-Joghurtbecher

## Zuschnitt

Alle Teile im Stoffbruch zuschneiden.
- 2x Rückwand (Teil e) aus Stoff A
- 1x Rückwand (Teil e) aus Einlage
- je 1x Taschenteil a bis d aus den Baumwollstoffen B bis E
- je 10 cm Schrägband in Türkis und Pink
- 4x 20 cm Klettband (2x Hakenband, 2x Flauschband)
- je 2x Becherhülle aus Stoff F, G und Volumenvlies

## So wird's gemacht

### Utensilo:

Nähen Sie wie im Schnitt eingezeichnet auf die rechte Seite einer Rückwand die Klettbänder auf. Dabei zeigt die Hakenseite jeweils nach oben und die Flauschseite nach unten. Bügeln Sie die Einlage auf die linke Seite einer Rückwand. Nähen Sie beide Rückwände rundum 5 mm breit links auf links aufeinander. Im nächsten Schritt arbeiten Sie die aufgesetzten Taschen. Legen Sie hierzu jeweils in den Taschenteilen a, b und c die im Schnitt-Teil eingezeichneten Kellerfalten (s. S. 61) und bügeln die Falzkanten gut ein. Steppen Sie die oberen Faltenbrüche schmalkantig ab und fixieren die zusammengelegten Falten an der Unterkante mit ein paar Stichen an den Nahtzugaben. Danach fassen Sie die Oberkanten aller 4 Taschenteile jeweils mit Schrägband ein, Farben siehe Foto. Hierbei sind die Kellerfalten offen. Die Unterkanten der Teile a und b fassen Sie ebenfalls ein, die Falten sind hierbei geschlossen. Legen Sie Taschenteil c links auf rechts auf Teil d, sodass die Unterkanten aufeinanderliegen. Steppen Sie die Taschenteile in den Faltenmitten aufeinander, ohne dabei die oberen Faltenbrüche mitzufassen. Verriegeln Sie die Naht an der Eingriffskante mehrmals.

Im nächsten Schritt werden die Taschenteile auf die Rückwand genäht. Legen Sie die Teile c und d passgenau links auf rechts an die Unterkante der Rückwand, steppen Sie die Teile außen 5 mm breit aufeinander. Für den Riegel des Taschenverschlusses legen Sie das kurze Schrägbandstück in Pink zur Hälfte (= 2 x 5 cm) und steppen die Seiten schmalkantig aufeinander. Montieren Sie das Druckknopfoberteil wie eingezeichnet. Fixieren Sie diese Lasche mit den offenen Kanten wie eingezeichnet auf der Rückwand und montieren das Druckknopfunter-

teil passend zum Oberteil. Platzieren Sie jetzt die Tasche b wie im Schnitt eingezeichnet auf der Rückwand, nähen Sie die seitlichen Kanten fest und steppen Sie an der Unterkante das Schrägband schmalkantig auf. Steppen Sie die Unterteilungen in den Kellerfaltenmitten ab wie oben beschrieben. Für die Karabinerschlaufe falten Sie das Schrägbandstück in Türkis in der Mitte (= 2 x 5 cm), fädeln den D-Ring auf und nähen die Schlaufe wie eingezeichnet auf die Rückwand. Nähen Sie Taschenteil a wie Taschenteil b fest. Zum Schluss fassen Sie noch die Außenkanten der Rückwand mit Schrägband ein.

### Abfallbecher-Hülle:

Für die Becherhülle bügeln Sie das Volumenvlies auf die linke Seite des Außenstoffs. Nähen Sie auf eine Seite des Außenstoffes eine Schlaufe mit einem Karabiner (s. Schnitt-Teil f). Legen Sie jeweils die beiden Taschenteile des Außen- und Innenstoffs rechts auf rechts aufeinander. Nähen Sie die beiden Seiten- und die Bodennaht. Im Innenstoff lassen Sie an einer Seite ein Wendeloch von ca. 4 cm offen. Nähen Sie die Bodenecken ab, indem Sie jeweils Boden- und Seitennaht rechts auf rechts aufeinanderlegen und die Naht zwischen den ★ schließen. Wenden Sie eine Becherhülle. Stecken Sie beide Hüllen rechts auf rechts ineinander, sodass die Seitennähte jeweils aufeinanderliegen. Dann nähen Sie die obere Kante rundum zusammen. Wenden Sie alles durch die Öffnung, schließen diese von Hand und schlagen die obere Kante ca. 2 cm nach außen um.

# Auf zu neuen Abenteuern

Expeditionstasche mit Gürtel  ·  Größe ohne Gürtel ca. 16 x 12 cm  ·  Vorlagen 9a und b auf Bogen B  ·  Aufwand ●

In dieser stabilen und auswaschbaren Gürteltasche ist genug Platz für die Entdeckerausrüstung und kleine Schätze wie Steine, Blätter oder Ähnliches.

## Material

- 15 x 25 cm LKW-Plane in Hellblau
- 20 x 25 cm LKW-Plane in Dunkelblau
- 3 cm Klettverschluss, 15 mm breit, (Haken- und Flauschband)
- 110 cm Gurtband in Blau, 4 cm breit
- 30 cm Gurtband in Orange, 2 cm breit
- 60 cm Baumwollschrägband in Orange mit Punkten
- 2 D-Ringe, 40 mm breit

## Zuschnitt

- 1x Taschenrückenteil (Teil a) in Dunkelblau
- 1x Taschenvorderteil (Teil b) in Hellblau
- 2x 8,5 cm Gurtband in Blau
- 1x 23 cm und 1x 6 cm Gurtband in Orange
- 1x 6 cm Baumwollschrägband

## Tipp:

Die Tasche kann auch gefüttert aus Stoff oder Wachstuch genäht werden. Anstatt der Gürtelschlaufen können Sie auch einen längenverstellbaren Schultertragegurt annähen, dann erhalten Sie eine schöne Kindertasche.

## So wird's gemacht

Verschmelzen Sie jeweils die Schnittkanten der Gurtbänder. Für die Tasche fassen Sie zunächst die obere Kante des Vorderteils mit Schrägband ein (siehe Seite 61). Nähen Sie das Gurtband in Orange mit den Unterteilungen und das Flauschband wie eingezeichnet auf die rechte Seite des Vorderteils. Danach schlagen Sie die Schmalseiten der beiden kurzen blauen Gurtbänder 1 cm breit nach links um und nähen sie wie eingezeichnet als Gürtelschlaufen auf die rechte Seite des Rückenteils. Auf die linke Seite der Deckelklappe nähen Sie wie eingezeichnet das Hakenband des Klettverschlusses. Fassen Sie die Taschenklappe bis zu den ▼ mit Schrägband ein, schlagen Sie dabei Anfang und Ende des Bandes nach innen ein, siehe Angelspiel S. 16.

Nähen Sie beide Taschenteile rechts auf rechts an den Seiten und dem Boden aufeinander. Um die Bodenecken zu nähen, legen Sie jeweils Seiten- und Bodennaht rechts auf rechts aufeinander und schließen die Nähte zwischen den ★. Wenden Sie die Tasche. Nähen Sie das kurze Schrägbandstück auf das entsprechende Gurtband in Orange, legen es zur Schlaufe und nähen es innen mittig an die Taschenklappe.

Für den Gürtel nähen Sie an ein Ende des langen blauen Gurtbandes einen doppelten, ca. 1 cm breiten Saum. Fädeln Sie auf das andere Ende die beiden D-Ringe. Falten Sie den Gurt ca. 4 cm nach links um, sodass die Ringe in der Schlaufe liegen und nähen das Ende mit einem durchkreuzten Quadrat fest. Zum Schließen des Gürtels fädeln Sie das freie Gurtende durch beide Ringe und zwischen den Ringen wieder zurück.

# Hopp, hopp, hopp – Pferdchen lauf Galopp

Pferdegeschirr · Größe variabel · Vorlage 10 auf Bogen A · Aufwand ●

Da will keiner mehr die Zügel aus der Hand geben. So schön war das typische Rollenspiel mit viel Bewegungspotenzial noch nie.

## Material

- 20 x 15 cm Wollfilz
- 90 cm Gurtband, 3 cm breit
- 3 m Gurtband, 4 cm breit
- 4 einschlagbare Druckknöpfe, Ø ca. 12 mm

## Zuschnitt

- 1x Herz aus Filz
- 2x 45 cm Gurtband, 3 cm breit

## So wird's gemacht

Sichern Sie die Schnittkanten der Gurtbänder durch Verschmelzen. Nähen Sie an beide Enden des langen breiten Gurtbandes jeweils eine Schlaufe von 20 cm. Markieren Sie hierfür den Abstand von 40 cm zum Gurtende und falten das Gurtende bis zu Ihrem Markierungspunkt. Nähen Sie die Enden mit einem durchkreuzten Quadrat auf den Gurt (s. S. 61). Falten Sie nun die Bänder innerhalb der Schlaufen der Länge nach und steppen Sie die Längskanten soweit es geht zu einem ergonomischeren Griff aufeinander.

Markieren Sie sich die Gurtmitte. Im Abstand von 4,5 cm zu beiden Seiten der Mitte steppen Sie nun je ein schmales Gurtband mit dem Ende auf, sodass es vom breiten Gurtband im rechten Winkel absteht. Steppen Sie dabei die Enden wieder mit einem Rechteck auf, siehe Schnitt.

Legen Sie das Herz auf die Mitte des breiten Gurts, sodass es die Ansätze der schmalen Bänder symmetrisch verdeckt. Steppen Sie das Herz rundum schmalkantig ab und nähen es damit auf die Gurte.

Montieren Sie die Drücker an den offenen Enden der schmalen Gurte mit einem Abstand von jeweils 5 cm. Auf einer Seite sind alle Unterteile und auf dem anderen Gurt sind alle Drückeroberteile. Die Gurte lassen sich so zu einem flach am Hals anliegenden Nackenband in gewünschter Länge schließen.

> **Tipp:**
> Die Druckknöpfe und die einzelnen Zügelenden schützen vor Strangulation. Das Geschirr kann als Skifahrlernhilfe eingesetzt werden.

# Mein Sommermärchen

Wasserballhülle · Ø ca. 35 cm · Vorlage 11a bis c und Schema 11d auf Bogen A · Aufwand ● ●

Mit dieser Stoffhülle werden einfache Wasserbälle zu robusten Fußbällen. Der nächsten spontanen Meisterschaft unterwegs steht jetzt nichts mehr im Weg.

## Material

- 15 x 100 cm Baumwollstoff in Schwarz mit kleinen weißen Punkten (Stoff A)
- 15 x 90 cm Baumwollstoff in Schwarz mit großen weißen Punkten (Stoff B)
- je 35 x 90 cm Baumwollstoff in Weiß mit kleinen schwarzen Punkten (Stoff C) und mit großen schwarzen Punkten (Stoff D)
- 75 x 90 cm aufbügelbare Vlieseinlage
- 1 Wasserball, Ø ca. 30–35 cm

**Zuschnitt:**

- Vlieseinlage: 20x Sechseck (Teil a), 11x Fünfeck (Teil b) und 2x halbes Fünfeck (Teil c) ohne Nahtzugabe (2 gegengleiche Teile entlang der gestrichelten Linie)
- Stoff A: 2 halbe Fünfecke (Teil c), 2 gegengleiche Teile

### Tipp:

Wollen Sie die Hülle für einen Luftballon nähen, zeichnen Sie die Fünf- und Sechsecke mit einer Kantenlänge von 3,5 cm bzw. verkleinern die Schnitt-Teile auf 50 %.

## So wird's gemacht

Bügeln Sie die die Vlieszuschnitte auf die linken Seiten der entsprechenden Stoffe. Lassen Sie dabei zwischen den Teilen mindestens 2 cm Abstand: 6 Fünfecke auf Stoff B, 5 Fünfecke auf Stoff A, je 10 Sechsecke auf Stoff C und D, die halben Fünfecke auf Stoff A (wie im Schnitt eingezeichnet entsprechend der gestrichelten Linie). Nach dem Auskühlen schneiden Sie die mit Vlies verstärkten Stoffstücke mit Nahtzugabe zu (also rundum 1 cm größer als das Vlies).

Nähen Sie den Saum an den halben Fünfecken 2x 1 cm breit nach links um und legen die Teile leicht überlappend aufeinander, bis sie der Größe eines Fünfecks entsprechen. Fixieren Sie die Überlappung durch ein paar Steppstiche. Jetzt haben Sie insgesamt 12 Fünfecke.

Orientieren Sie sich beim Zusammennähen am Schema: ① Die 10 Sechsecke werden zu einem zackigen Streifen zusammengesteckt. Hierbei wechselt immer ein Teil aus Stoff C und ein Teil aus Stoff D ab. Die gesteckten Kanten steppen Sie nun exakt entlang der Vlieskante. Nähen Sie jede Kante am ganzen Ball nur von Eckpunkt zu Eckpunkt der Vlieseinlage und nicht in die Nahtzugabe hinein!

② und ③: Jetzt setzen Sie je 5 Fünfecke (A und B) an den Sechseck-Streifen und nähen diese fest. Danach falten Sie den entstandenen Streifen rechts auf rechts und schließen ihn zu einem Ring.

④ und ⑤: Setzen Sie die Ballkappen zusammen. Nähen Sie jeweils zuerst die Sechsecke an das Fünfeck, schließen Sie dann die Nähte zwischen den Sechsecken. Setzen Sie die 2 Ballkappen an den Ring, sodass sich automatisch die Form des Balls ergibt. Steppen Sie die noch offenen Kanten zusammen. Zum Schluss wenden Sie alles durch das geteilte Fünfeck, schieben den Wasserball in die Öffnung und nach dem Aufblasen kann das Spiel beginnen.

# Treffpunkt Basislager

**Spielzelt** · Ø ca. 1,5 m, Höhe ca. 1,5 m · Skizze 12a, Zuschneideplan 12b und Abb. 1 bis 3 auf Bogen A · Aufwand ● ●

Kinder lieben gemütliche Verstecke. Was liegt da näher, als ein schnell aufgebautes Zelt zu nähen, das Sonnenschutz und Platz für viele Freunde bietet.

## Material

- 3,50 m Zeltstoff bzw. wetterfester Baumwollstoff, 160 cm breit
- 11 m Gurtband in Beige, 25 mm breit
- 2,40 m Kordel, Ø 4 mm
- 18 Ösen, Ø 5 mm
- 7 Zeltheringe
- 1 großer Karabiner
- Befestigungsseil
- Packpapier für den Schnitt

## Zuschnitt

Übertragen Sie mit Hilfe der Skizze den Schnitt für das Zeltdreieck auf Papier. Schneiden Sie 6 Zeltdreiecke wie im Zuschneideplan gezeigt zu.

### Tipp:

Das Zelt lässt sich auch mit 6 Stangen (à 2,20 m Länge, z. B. Rankhilfen, Bambusstäbe) als Tipi aufstellen. Mit Stoffmalfarben können Sie das Zelt auch mit Ihren Kindern zusammen bemalen.

## So wird's gemacht

Nähen Sie alle Dreiecke jeweils rechts auf rechts an den langen Kanten zusammen, sodass Sie einen Halbkreis erhalten (siehe Abb. 1). Versäubern Sie die Nahtzugaben jeweils zusammen. Falzen Sie ein 26 cm langes Stück Gurtband der Länge nach zur Hälfte, sodass Sie ein Einfassband erhalten und legen es um die Oberkanten der Dreiecke (= obere Öffnung). Nähen Sie die Gurtkanten schmalkantig fest. Nähen Sie ein ca. 85 cm langes Gurtband wie abgebildet an die obere Öffnung, sodass 3 Schlaufen von ca. 10 cm Länge entstehen (siehe Abb. 2).

Schneiden Sie zwei 40 cm lange Gurtbänder ab. Arbeiten Sie in diese Bänder jeweils 9 Ösen mit je 4 cm Abstand zueinander und 0,5 cm Abstand zur einen und 1,5 cm Abstand zur anderen Gurtkante. Nähen Sie die Bänder mit 5 cm Abstand von der oberen Öffnung und 3 cm Abstand zur offenen Seitenkante fest (siehe Abb. 1).

Nähen Sie die beiden Dreiecke mit den Ösenbändern von oben 55 cm weit rechts auf rechts aufeinander. Als Nächstes fassen Sie die untere Zeltkante und den Zelteingang in einer Runde mit dem Gurtband ein, beginnen Sie dabei an einer unteren Ecke am Eingang. Nähen Sie das Einfassband an der oberen Spitze des Eingangs im 45°-Winkel ab. Für die Befestigung am Boden mit Zeltheringen nähen Sie noch an jedes Nahtende der Dreiecksseiten eine Gurtschlaufe auf die Innenseite des Zelts (siehe Abb. 3). Verwenden Sie hierfür jeweils ca. 22 cm Band. Zum Schluss fädeln Sie die Kordel wie bei einem Schnürschuh durch die Ösen, um einen authentischen Tipi-Look zu erhalten, und ziehen den Karabiner durch die oberen Schlaufen für die Befestigung mit einem Seil an einem Baum, Klettergerüst, Balkon oder Ähnlichem.

# Für Superhelden

**Handtuchcape** · Passend bis Größe 140, Länge ab Schulter 75 cm · Vorlagen 13a bis c, Abb. 1 + 2 in Grau auf Bogen B · Aufwand ● ●

Nichts geht über Rollenspiele. Als Superheld können tolle Abenteuer erlebt und gleichzeitig lästiges Abtrocknen und Zudecken im Freibad schnell vergessen werden.

## Material

- 150 cm Frottier in Dunkelrot, 150 cm breit
- 25 x 55 cm Applikationsfilz in Gelb
- 25 x 40 cm Applikationsfilz in Schwarz
- 7,5 m vorgefalztes Baumwollschrägband in Dunkelrot
- 1 einschlagbarer Druckknopf in Rot, Ø 12 mm
- 3 einschlagbare Druckknöpfe in Schwarz, Ø 12 mm
- Maßband

## Zuschnitt

- Applikation c in Schwarz
- Cape siehe Abb. 1 und 2, Halsausschnitt einzeichnen mit Vorlage a
- 2x Kapuze b (gegengleiche Teile)
- wasserlöslicher Markierstift

**Tipp:**
Sie können auch Veloursmotive auf eine glatte Grundfläche aufbügeln oder die Motive mit Textilfarbe aufmalen.

## So wird's gemacht

Falten Sie Ihren Frottierstoff einmal längs und nochmals quer, sodass Sie den Stoff vierfach vor sich liegen haben, s. Abb. 1. Messen Sie mit dem Maßband von der geschlossenen Ecke aus jeweils 75 cm von einer Falzkante in kurzen Abständen bis zur nächsten und markieren diese Punkte, bis Sie einen Viertelkreis gezeichnet haben. Schneiden Sie den Kreis durch alle 4 Lagen an der Linie aus und falten ihn einmal auf, Abb. 2. Legen Sie das Schnittmuster für den Halsausschnitt auf die Kreismitte. Schneiden Sie den Halsausschnitt aus und schneiden wie eingezeichnet die vordere Mitte bis zum Halsausschnitt ein.

Nähen Sie die beiden Kapuzenteile an der Mittelnaht rechts auf rechts aufeinander. Versäubern Sie die Nahtzugaben. Setzen Sie nun mit Hilfe der Nahtzeichen die Kapuze rechts auf rechts in den Halsausschnitt, steppen die Naht und versäubern die Nahtzugaben. Fassen Sie alle offenen Schnittkanten des Capes mit dem Schrägband in einer Runde ein, siehe Seite 61. Abschließend drücken Sie die roten Druckknopfteile wie eingezeichnet in die Kapuzenlaschen.

Halbieren Sie für die Applikation das Filzstück (= 2x 25 x 27,5 cm), legen Sie die beiden Teile aufeinander, zeichnen die Nahtlinie der Grundfläche mit dem Markierstift auf und nähen die Teile auf der Linie zusammen. Schneiden Sie die Grundfläche ca. 2 mm außerhalb der Naht aus. Platzieren Sie das Motiv auf der Fläche und steppen alle Schnittkanten schmalkantig ab.

Montieren Sie die schwarzen Druckknopfoberteile an den eingezeichneten Positionen.

Legen Sie die Applikation auf die gewünschte Stelle am Cape und markieren Sie die Punkte, an denen die Drücker der Applikation auf den Frottier treffen. Montieren Sie hier die Druckknopfunterteile.

# Über den Wolken

Einleinerdrachen ohne Gestänge · Größe ca. 45 x 32 cm (ohne Schwanz) · Vorlage 14a und b auf Bogen B · Aufwand ●

Der bunte Drachen für die Hosentasche ist immer mit dabei – für tolle Flugabenteuer und schöne Windspiele. Auch bei wenig Wind steigt er hoch in die Luft.

## Material

- 40 x 140 cm Spinnakernylon in Regenbogenfarben
- 20 x 80 cm Spinnakernylon in Gelb
- doppelseitig klebendes Band, 5 mm breit
- 1 Drachenschnur auf einer Haspel
- dicke Stopfnadel mit Spitze

## Zuschnitt

- 1x Drachenkörper (Teil a) in Regenbogenfarbe im Stoffbruch
- 2x Windkanal (gegengleiche Teile b) in Gelb
- 4x Drachenschwanz à 2 x 95 cm in Regenbogenfarben

## So wird's gemacht

Falzen Sie an allen Teilen die Nahtzugaben 2x 0,75 cm breit nach links. Die gestrichelte Linie im Schnitt entspricht jetzt der Außenkante. Nähen Sie die oberen und unteren Nahtzugaben der Windkanäle und alle Nahtzugaben am Drachenkörper mit einem Geradstich fest.

Legen und nähen Sie anschließend jeweils 2 Drachenschwänze mit den Schmalseiten rechts auf links aufeinander und dann wie im Schnitt eingezeichnet rechts auf links auf den Drachenkörper.

Kleben Sie die doppelt eingeschlagenen Innen- und Außenkanten der Windkanäle wie im Schnittmuster eingezeichnet mit dem Klebeband links auf links auf den Drachenkörper. Die Kanäle liegen hierbei nicht flach auf, sondern wölben sich. Steppen Sie die Windkanäle an den fixierten Kanten fest.

Jetzt stechen Sie mit einer dickeren Stopfnadel jeweils ein kleines Loch in die oberen Ecken (siehe Schnitt), schneiden von der Schnur 1 m ab und fädeln jeweils ein Ende hindurch. Verknoten Sie die Enden mit einem stabilen Knoten.

Um den Drachen auszubalancieren, legen Sie nun beide Knoten aufeinander und ermitteln die Mitte der Schnur. Knoten Sie ca. 1 cm vor der Mitte eine Schlaufe. In diese Schlaufe knoten Sie das Ende der Drachenschnur von der Haspel.

### Achtung:

Für Windstärke: 2–5 Beaufort.

Zur eigenen Sicherheit nur auf offenen, weiten Wiesen mit großem Abstand zu Bäumen, Hochspannungsleitungen, Stromkabeln und nicht in der Nähe von Flughäfen oder bei Gewitter fliegen lassen.

### Tipp:

Wenn es ganz schnell gehen muss oder für ein Recyclingprojekt: Anstelle des Drachenstoffs können Sie gebrauchte Einkaufs-Plastiktüten verwenden und den Drachen mit Klebeband oder Kunststoffkleber zusammenkleben.

# Selber GROSS

Sitzerhöhung · Größe 40 x 40 x 15 cm · Skizzen 15 a und b auf Bogen B · Aufwand ● ●

Mit dieser Sitzerhöhung können kleine Leckermäuler am großen Erwachsenentisch mitessen. Das Kissen wird einfach auf einem normalen Stuhl fixiert.

## Material

- Schaumstoffzuschnitt 40 x 40 x 15 cm (*10 cm, die Angaben für ein 10 cm hohes Kissen stehen mit * in Klammern)
- 90 x 130 cm festgewebter Baumwollcanvas/-köper
- 90 x 130 cm einfacher Baumwollstoff
- 90 cm Reißverschluss, Meterware mit 1 Schieber
- 6 m Gurtband, 30 mm breit
- 4 Steckverschlüsse und Versteller, 30 mm breit

## Zuschnitt:

- Je 2 Quadrate à 42 x 42 cm aus Canvas und einfachem Baumwollstoff
- 2 Streifen à 17 (12*) x 82 cm aus einfachem Baumwollstoff
- 1 Streifen à 17 (12*) x 82 cm aus Canvas (Streifen a)
- 2 Streifen à 8,5 (6*) x 82 cm aus Canvas (Streifen b)
- 4x 150 cm Gurtband

### Tipp:

Mehrere Kissen ohne Reißverschluss und ohne Gurtbänder eigenen sich auch wunderbar als Bau-/Tobeklötze und können auch mal aneinandergereiht als Not-Schlafmatratze dienen.

## So wird's gemacht

Zunächst nähen Sie das Innenkissen aus dem einfachen Baumwollstoff für einen leichteren Bezugwechsel. Übertragen Sie die Nahtzeichen der Skizzen mit kleinen (!) Einschnitten in die Nahtzugaben. Nähen Sie die Streifen an den Schmalseiten rechts auf rechts aufeinander, sodass ein Ring entsteht. Nähen Sie die Quadrate mit Hilfe der Nahtzeichen an den Ring. Nachdem Sie jeweils eine Seite des Quadrats angenäht haben, schneiden Sie die Nahtzugabe des Streifens am Nahtende bis dicht an die Naht ein (s. S. 60), um die nächste Seite annähen zu können. Beim 2. Quadrat nähen Sie den Ring nur halb an, wenden den Bezug, schieben das Kissen ein und nähen die Öffnung von Hand unsichtbar zu.

Für den Außenbezug nähen Sie zuerst die 4 Fixiergurte auf 1 Quadrat (s. Skizze b). Steppen Sie die Gurte an den Kanten schmal und bis 3 cm vor Quadratende auf. Fixieren Sie die Bandenden in der Mitte mit Stecknadeln, damit Sie die Bänder beim Zusammennähen aller Teile nicht versehentlich mitfassen.

Steppen Sie jeweils ein Reißverschlussband füßchenbreit an eine Längskante der Streifen b (siehe Seite 61). Fädeln Sie den Zipper auf und ziehen den Reißverschluss zu. Der Reißverschlussstreifen soll jetzt 17 x 82 cm groß sein. Öffnen Sie den Reißverschluss wieder zur Hälfte. Nähen Sie Streifen a und b an den Schmalseiten rechts auf rechts aufeinander, bügeln die Nahtzugaben vom Reißverschluss weg und steppen die Nahtzugaben von der rechten Seite schmal ab. Nähen Sie die Quadrate wie oben beschrieben an, jedoch ohne Öffnung. Wenden Sie den Bezug durch den Reißverschluss. Zum Schluss befestigen Sie an jedem Gurt an einem Ende ein weibliches und am anderen Ende ein männliches Steckschnallenteil mit einem Versteller (s. S. 61).

# Du bist dran

Spiralmäppchen mit Leiterspiel · Größe (ausgeklappt) ca. 15 x 42 cm · Vorlagen 16 a bis c auf Bogen B · Aufwand ●

Ab sofort können Sie immer ein Spiel mit variablen einfachen Spielregeln mitnehmen. Spielfiguren, Würfel und Aktionskärtchen sind automatisch mit dabei.

## Material

- 40 x 15 cm Wollfilz in Pink, 2 mm dick
- 40 x 15 cm Applikationsfilz in Dunkelblau
- je ca. 10 x 10 cm Applikationsfilz in Pink, Grün, Türkis, Orange und Gelb
- 90 cm Reißverschluss (eine Seite), Meterware
- 1 Zipper
- Spielfiguren, Würfel

## Zuschnitt

- je 4 Kreise b in Pink, Grün, Türkis und Orange
- 3 Kreise b und 1 Oval c in Gelb
- je 1x Mäppchen in Dunkelblau und Pink

## So wird's gemacht

Steppen Sie die Spielplanlinien wie im Schnitt-Teil eingezeichnet mit einer Raupennaht (Breite s. S. 60) auf den blauen Filz. Am besten nähen Sie zuerst den Rundumbogen und dann die 4 Leiterlinien. Danach stecken Sie die Kreise und das Oval wie eingezeichnet auf den Filz und steppen sie schmalkantig auf. Legen Sie nun den blauen Filz passgenau links auf links auf den Wollfilz. Schieben Sie das Reißverschlussband mit den Zähnchen nach außen zwischen beide Filzstücke. Die Oberseite des Reißverschlusses zeigt zum pinkfarbenen Filz. Beginnen Sie dabei am eingezeichneten Ansatzpunkt und lassen das Reißverschlussende ca. 2 cm überstehen. Nähen Sie das Reißverschlussband bis auf die markierte Öffnung rundum schmalkantig zwischen den beiden Filzteilen fest. Ziehen Sie den Zipper auf beide Reißverschlussenden (s. S. 61) und verriegeln Sie die Enden mit ein paar Stichen. Stecken Sie die Enden durch die Öffnung zwischen beide Filzstücke. Nun können Sie den Reißverschluss zuziehen und das Mäppchen verdreht sich automatisch beim Schließen. Spielfiguren und Würfel finden im Mäppchen Platz. Zum Spielen das Mäppchen komplett öffnen.

## Tipp:

Spielanleitungsideen für das Leiterspiel finden Sie in meinem Blog unter www.griffbereit-design.de. Als Ergänzung können Sie zusammen mit Ihren Kindern noch Aktionskarten basteln, die z. B. bei jedem gelben Feld ausgeführt werden müssen. In das Mäppchen passen auch kleine Schätze, Stifte, Autos …

# Auf Expeditionstour

Outdoorweste · Größe 98 bis 140 · Vorlagen 17a bis c in Rot auf Bogen B · Aufwand ●

Der praktische und kombinationsstarke Lieblingsbegleiter für Expeditionen.
Das weich-warme Material bietet Schutz bei Wind und Wetter.

## Material

- ca. 60 cm Softshell, 140 cm breit
- ca. 3 m elastisches Einfassband, fertige Breite 1 cm
- 5 bis 7 einschlagbare Druckknöpfe, Ø 12 mm (je nach Größe, siehe Schnitt)

## Zuschnitt

- 1x Rückenteil a im Stoffbruch
- 2x Vorderteil b, gegengleich
- 1x Kragen c im Stoffbruch

## So wird's gemacht

Nähen Sie die Vorderteile an Schulter- und Seitennähten mit einem leicht elastischen Stich rechts auf rechts an die Rückenteile. Setzen Sie danach mit Hilfe der Nahtzeichen den Kragen rechts auf rechts in den Halsausschnitt. Arbeiten Sie auch hier mit dem elastischen Stich. Wenn Sie möchten, können Sie die Nahtzugaben in eine Richtung legen und schmalkantig feststeppen. Schneiden Sie 2 Stücke Einfassband in der Weite der Armausschnitte + 2 cm Nahtzugabe zu. Nähen Sie die Bänder an den Schmalseiten jeweils rechts auf rechts zum Ring zusammen. Nähen Sie die Einfassbänder um die Armausschnitte, dabei liegt die Naht des Bandes auf der Seitennaht und die Steppnaht verläuft dicht an der Kante des Einfassbandes. Anschließend fassen Sie die noch offenen Schnittkanten der Vorderteile, des Rückenteils und des Kragens in einer Runde ein. Beginnen Sie dabei an einer Seitennaht und schlagen Bandanfang und Ende etwas nach links ein. Nähen Sie zum Schluss die Umschläge von Hand aneinander. Dehnen Sie das Band nicht zu sehr, da sich die Weste sonst zusammenzieht. Zum Schluss montieren Sie die Druckknöpfe an der vorderen Kanten wie im Schnitt eingezeichnet.

## Tipp:

Die Weste kann auch aus Fleece, Sweat oder verstürzt aus Jersey genäht werden. Anstelle der Drücker kann auch ein Reißverschluss eingesetzt werden (eingezeichnete Linie). Der legere Schnitt ist tobefreudig einfach gehalten.

# Fliegende Untertassen

Frisbee · Ø ca. 18 und 28 cm · Vorlagen 18a und b auf Bogen B · Aufwand ●

Die knuddelbare und leichte Wurfspielscheibe für spontanes Austoben auf freien Flächen. In Groß und Klein für wilde Flugabenteuer ohne Beulen.

## Material
- für ein großes Frisbee: 2x 35 x 35 cm Nylon
- für ein kleines Frisbee: 2x 25 x 25 cm Nylon
- 30 bzw. 50 g Füllgranulat
- Foldback-Klammern oder Wäscheklammern zur Fixierung beim Nähen

## Zuschnitt
- je Frisbee: 2x großer bzw. kleiner Kreis (Teil a bzw. b)

## So wird's gemacht

Stecken Sie für ein Frisbee 2 gleichgroße Kreise aus Nylon rechts auf rechts mit Klammern aufeinander. Nähen Sie die Kreise mit 1 cm Nahtzugabe zusammen. Lassen Sie hierbei ein Wendeloch von ca. 3 bis 4 cm offen. Schneiden Sie nun kleine, gleichmäßige Dreiecke in die Nahtzugaben, damit das Frisbee nach dem Verstürzen schön rund liegt (s. S. 60). Wenden Sie das Frisbee und formen Sie den Rand gleichmäßig aus. Nun fertigen Sie den Kanal für die Granulatfüllung, indem Sie das kleine Frisbee mit 1,5 cm und das große mit 1,7 cm Abstand zur Außenkante rundum absteppen. Für bessere Flugeigenschaften steppen Sie nun die beiden Lagen wie im Schnittmuster eingezeichnet spiralförmig ab. Füllen Sie den Kanal mit Granulat. Hierbei sollten die Granulatkörner noch etwas Spiel haben, damit die Scheibe flexibel genug bleibt. Abschließend nähen Sie das Wende-/Füllloch unsichtbar aber stabil von Hand zu.

## Tipp:

Für die Füllung können Sie auch Reis oder Sand verwenden. Jedoch saugen diese Materialien Wasser auf. Ein Bleiband würde auch funktionieren, ist aber gesundheitlich bedenklich und daher besonders für Kinderspielzeug nicht zu empfehlen.

# Auf die Plätze – fertig – los

Hüpfsack · Größe 60 x 90 cm · Vorlagen 19a und b auf Bogen B · Aufwand ●

Kinder messen sich gerne mit anderen. Das Hüpfsackwettspiel ist daher neben Eierlauf und Topfschlagen ein Klassiker für Kindergeburtstage und Freizeiten.

## Material

für einen Sack:

- 95 cm fester Baumwollcanvas, 130 cm breit
- 60 x 65 cm Cordura
- doppelseitiges Klebeband für Textilien
- Klammern zum Fixieren beim Nähen

## Zuschnitt

- 2x Sackteil a aus Baumwollcanvas
- 1x Sackteil b aus Cordura im Stoffbruch

## Tipp:

Nach dem Toben dient der superstabile Sack auch als Aufräumbeutel für allerlei Spielzeug. Mit angenähten Trägern wird aus dem Sack eine Schwimmbadtasche.

## So wird's gemacht

Legen Sie die 2 Sackhälften aus Baumwollcanvas rechts auf rechts aufeinander und nähen Sie die Bodennaht zusammen. Bügeln Sie die Nahtzugabe in eine Richtung und steppen sie fest. Falzen Sie die Oberkanten des Cordura-Teils 1 cm weit nach links um. Nun legen Sie das Cordura passgenau links auf rechts auf die zusammengenähten Sackhälften a. Klammern Sie die Kanten und fixieren Sie die eingeschlagenen Kanten des Corduras mit doppelseitigem Klebeband auf Teil a. Steppen Sie mit einem langen Geradstich die beiden Stoffteile innerhalb der Nahtzugaben zusammen, sodass sie nicht mehr verrutschen können. Steppen Sie die mit Klebeband fixierten Kanten schmalkantig fest. Für mehr Stabilität steppen Sie die Kante nochmals füßchenbreit ab. Nähen Sie jetzt die beiden Seitennähte des Sacks rechts auf rechts aufeinander. Bügeln Sie wieder die Nahtzugaben in eine Richtung und steppen Sie diese fest. Als Nächstes arbeiten Sie die Bodenkanten. Hierzu ziehen Sie die nach innen zeigenden Ecken auseinander, sodass jeweils die Bodennaht auf die entsprechende Seitennaht trifft. Nähen Sie die Bodenkanten möglichst mit einem Dreifachsteppstich zusammen.
An der Stelle, an der die Seitennaht auf die Bodennaht trifft, ist das Material sehr dick. Arbeiten Sie in diesem Bereich sehr vorsichtig, um Nadelbruch zu vermeiden. Zum Schluss bügeln Sie die obere Sackkante erst 1 cm, dann 3 cm nach links und steppen den Saum ab.

# Schmeiß Dich ran

Geländewurfspiel  •  Ø der Bälle ca. 5 und 6 cm  •  Vorlagen 20a und b in Grau auf Bogen B  •  Aufwand ●

Das sind wahre Multitalente: Ein Ball dient als Footbag, mit Dreien lässt sich jonglieren, mit 6en und einem Zielball kann sogar Boccia im Gelände gespielt werden.

## Material

- 20 x 15 cm fester Köperstoff für einen großen Ball
- 15 x 12 cm fester Köperstoff für einen kleinen Ball
- ca. 30 g Füllgranulat für einen kleinen und ca. 45 g für einen großen Ball
- je Ball einen Nylonstrumpfhosenschlauch, ca. 15 cm lang

## Zuschnitt

- großer Ball (Wurfball): 2x Teil a
- kleiner Ball (Zielball): 2x Teil b

## So wird's gemacht

Übertragen Sie die Nahtzeichen mit kleinen (!) Einschnitten in die 5 mm breiten Nahtzugaben. Stecken Sie dann beide Schnitt-Teile rechts auf rechts um 90° verdreht aufeinander, sodass immer Punkt A auf B liegt. Nun können Sie die Rundungen mit Hilfe der restlichen Nahtzeichen aufeinanderstecken. Nähen Sie beide Teile zusammen. Lassen Sie dabei ein Wendeloch von ca. 3 cm offen. Am besten verwenden Sie einen Dreifachsteppstich, um spielstabile Bälle zu erhalten. Wenden Sie die Ballhülle.

Knoten Sie den zugeschnittenen Nylonstrumpfschlauch auf einer Seite zusammen und füllen Sie etwas Granulat ein. Stecken Sie nun den leicht gefüllten Schlauch in die Ballhülle und füllen Sie ihn weiter mit Granulat, bis der Ball ca. 50 g wiegt. Knoten Sie nun den Strumpfschlauch auf der anderen Seite zu und stecken Sie das Ende in die Hülle. Nähen Sie das Wendeloch unsichtbar von Hand mit einem doppelt gelegten Garn und einer stabilen Naht fest zu.

Fertigen Sie so viele Bälle an, wie Sie haben möchten. Für viele Geländewurfspiele brauchen Sie auch einen kleineren Zielball. Verwenden Sie hierfür das Schnitt-Teil b und arbeiten Sie den Ball wie oben beschrieben, der Ball mit Füllung wiegt dann ca. 35 g.

## Tipp:

Spielvorschläge finden Sie in meinem Blog unter www.griffbereit-design.de.

# Unverzichtbarer Begleiter

Sicherheitsgurt für Stofftiere  ·  Passend für ein ca. 20 bis 30 cm großes Stofftier  ·  Vorlage 21 auf Bogen B  ·  Aufwand ●

Was gibt es Schlimmeres, als unterwegs zu sein und das Lieblingsstofftier zu verlieren? Da hilft nur eins: feste anbinden!

## Material

- 30 x 15 cm Wollfilz, 2 mm dick
- 75 cm Gurtband, 20 mm breit
- Steckschnalle, 20 mm
- 1 Versteller, 20 mm
- 1 D-Ring, 20 mm
- 1 Karabiner

## Zuschnitt:

- 1x Brustgurt aus Wollfilz
- je 1 Stück à 5, 30 und 40 cm aus Gurtband

## So wird's gemacht

Schneiden Sie die Schlitze für das Gurtband an den im Schnitt markierten Stellen in den Brustgurt. Steppen Sie zur Stabilisierung alle Schnittkanten schmalkantig ab, möglichst mit einem Dreifach-Geradstich.

Fädeln Sie den Versteller auf das kurze Gurtstück und nähen Sie es wie eingezeichnet auf die Vorderseite des Brustgurtes.

Auf der Rückseite wird das mittellange Gurtband angenäht. Hierzu fädeln Sie den D-Ring auf ein Ende des Gurtes, schlagen den Gurt ca. 3 cm weit um und steppen das Gurtende wie eingezeichnet auf den Brustgurt. Das freie Gurtende wird durch den Versteller gefädelt (s. S. 61). Schlagen Sie dieses Gurtende 2x 1 cm breit um und nähen den Umschlag fest, damit das Gurtende nicht mehr durch die Schnalle rutschen kann. Der Gurt liegt bei den Stofftieren im Schritt und verhindert ein Herausfallen.

Für den Bauchgurt fädeln Sie auf ein Ende des langen Gurtes das weibliche Teil der Steckschnalle und nähen es fest (s. S. 61). Fädeln Sie anschließend den Gurt durch die Schlitze des Vorder- und Rückenteils und stecken das männliche Teil der Steckschnalle auf das noch offene Ende des Gurtbandes. Nähen Sie auch hier das Bandende als Bremse doppelt um. Der Bauchgurt verhindert ein seitliches Herausfallen des Stofftiers. Vor dem nächsten Ausflug ziehen Sie dem Schmusefreund nur noch den Gurt an und befestigen ihn mit einem Karabiner an Rucksack, Buggy oder Ähnlichem.

# Sonne, Strand und Sand

Tragebeutel für Sandelsachen · ca. 32 x 24 x 50 cm (L x B x H) · Vorlage und Skizze 22a und b in Grau auf Bogen B · Aufwand ● ●

Ein praktischer Beutel mit etlichen Taschen für alle Sand-Spielsachen. Der Netzboden lässt Sand und Wasser auf dem Nachhauseweg einfach rausrieseln.

## Material

- 30 x 100 cm Gewebeplane
- 30 x 40 cm Netzstoff in Weiß
- 30 x 100 cm Netzstoff in Hellgrün
- 20 x 100 cm Netzstoff in Hellrosa
- 30 cm Gurtband in Pink, 25 mm breit
- 130 cm Gurtband in Türkis, 25 mm breit
- 2 m gepunktetes Baumwollschrägband in Pink
- 2 D-Ringe, 25 mm
- 2 bzw. 4 Karabiner, 25 mm
- 1 Kordelstopper
- 120 cm Hutgummi

## Zuschnitt

- 1x Boden im Stoffbruch aus weißem Netzstoff
- 1 Streifen à 29 x 90 cm aus Gewebeplane
- 1 Streifen à 28 x 90 cm aus Netzstoff in Hellgrün
- 1 Streifen à 16 x 90 cm aus Netzstoff in Rosa
- 2 Schlaufen à 15 cm aus Gurtband in Pink

## So wird's gemacht

Die Netzstreifen jeweils an einer Längskante mit Schrägband einfassen, dabei den Netzstoff nicht dehnen und das Band mit 3 parallelen Nähten absteppen, damit es sich vom Netzstoff nicht wieder ablöst.

Legen Sie den Netzstoff in Hellrosa mit der offenen Kante auf eine Längskante der Gewebeplane. Fixieren Sie die Außenkanten mit großem Stich auf der Nahtzugabe. Steppen Sie das Netz für die Taschenunterteilungen alle 15 cm ab, siehe Skizze. Im Bereich des Schrägbandes verriegeln Sie die Naht mehrmals. Ziehen Sie jeweils einen D-Ring auf die kurzen Gurtstücke, legen sie zu einer Schlaufe und nähen sie, wie in der Skizze zu sehen, fest. Danach steppen Sie die offene Längskante des hellgrünen Netzes 1 cm breit rechts auf rechts an die Planenoberkante. Klappen Sie den grünen Netzstoff nach oben und falten Sie das neue, große Rechteck rechts auf rechts zusammen, die Ansatznähte treffen dabei aufeinander. Steppen Sie die Seitenkanten zusammen. Steppen Sie den Boden unter Beachtung der Nahtzeichen in Schnitt und Skizze an die Unterkante. Nähen Sie den Boden auf der Nahtzugabe mit 2 weiteren parallelen Nähten fest, um ein Ausreißen zu verhindern. Wenden Sie die Tasche auf rechts und stülpen Sie den grünen Netzstoff nach innen. Falten Sie die obere Planenkante 3,5 cm weit nach links um und steppen den Einschlag schmal und 2 cm breit ab, dabei fassen Sie die Gurtschlaufen, nicht jedoch das Netz mit. Fädeln Sie das Hutgummi mit einem Abstand von ca. 2 cm zur eingefassten Kante des grünen Netzes durch die Löcher und befestigen an den Enden einen Kordelstopper. Knoten Sie beide Gummibandenden zusammen. Nähen Sie noch einen langen Umhängegurt (s. S. 61) oder 2 kurze Gurtschlaufen mit Karabiner und Steckschnalle, um die Tasche über der Schulter zu tragen oder an Buggy oder Radhänger zu befestigen.

# Ins Netz gegangen

**Kescher** · Ø ca. 24 cm, Höhe ca. 30 cm · Vorlage 23 auf Bogen B · Aufwand ●

Die Natur entdecken mit allen Sinnen. Allerlei aus der Luft und dem Wasser kann mit dem Kescher ganz leicht eingefangen und genau untersucht werden.

## Material

- 45 x 90 cm Netzstoff in Weiß
- 86 cm Stäbchenband
- 40 cm Gurtband in Weiß, 20 mm breit
- Astgabel

## Zuschnitt

- 2x Kescherteil im Stoffbruch
- 4x 10 cm Gurtband, Schnittkanten durch Verschmelzen gesichert

## So wird's gemacht

Falten Sie die Teile jeweils rechts auf rechts zur Hälfte, sodass die ◆ aufeinanderliegen. Schließen Sie die Nähte zwischen ★ und ◆ mit 2 parallelen Geradstichnähten. Stecken Sie beide Teile rechts auf rechts aufeinander und nähen die Teile an der Außenkante ebenfalls doppelt zusammen. Die gerade Oberkante bleibt offen. Wenden Sie den Kescher.

Für eine runde Öffnung arbeiten Sie einen Reifen aus Stäbchenband in die Oberkante ein. Hierfür biegen Sie das Stäbchenband zu einem Kreis, sodass die beiden Enden sich ca. 2 cm überlappen. Nähen Sie die Enden vorsichtig aufeinander. Legen Sie den Ring an die Öffnung und falten die Kante 2,5 cm breit um den Ring nach innen. Nähen Sie den Umschlag mit 2 parallelen Nähten fest.

Legen Sie die kurzen Gurtbänder an den eingezeichneten Stellen in kleinen Schlaufen um den Umschlag, sodass ein Gurtbandende auf der Außenseite und das andere auf der Innenseite des Keschers liegt. Dabei stehen die Schlaufen ca. 2 cm vom Saum nach außen, um eine Astgabel durchschieben oder eine Schnur durchfädeln zu können. Nähen Sie die Schlaufen fest.

> ## Tipp
>
> An eine Astgabel oder eine Schnur gebunden, wird der Kescher zum Insektenfänger oder zur Reuse im Wasser. Viel Spaß bringt auch das Einfangen von Seifenblasen.

# Volle Fahrt voraus

Rutschkissen · Größe ca. 33 x 42 cm · Vorlagen 24a bis e auf Bogen B · Aufwand ●

Dieses praktische Kissen schützt den dünn bekleideten Popo vor zu großer Reibung oder die gute Hose vor einer verdreckten Rutschbahn. Außerdem beschleunigt es jede Abfahrt.

## Material für ein einfaches Rutschkissen

(Abweichende Angaben für die Eule stehen in Klammern.)

- 45 x 40 cm Cordura in Orange
- 45 x 40 (75) cm Cordura in Grün
- (5x 10 cm Cordura in Schwarz)
- 30 cm Gurtband in Orange (Beige), 25 mm breit
- 50 x 50 cm wärmeisolierendes Volumenvlies

## Zuschnitt

- je 1x Kissenteil a in Grün und Orange

Für die Eule zusätzlich:

- 2 Flügelteile b in Grün, gegengleich
- 2x Schnabel (Teil c) in Orange
- 2x Augenkreis (Teil d) in Orange
- 2 Pupillen (Teil e) in Schwarz

## Tipp

Das Rutschkissen dient nicht nur als Rutsch-hilfe, sondern ist dank isolierender Wattierung auch ein wunderbares Sitzkissen für alle Out-door-Aktivitäten. Im Winter wird schnell eine Tüte übergestülpt und der Schlitten ist fertig.

## So wird's gemacht

### Für die Eule:

Steppen Sie für den Schnabel die beiden längeren Kanten 5 mm breit rechts auf rechts aufeinander. Schneiden Sie die Nahtzugaben zurück und wenden Sie den Schnabel. Applizieren Sie danach jeweils eine Pupille links auf rechts auf einen orangefarbenen Augenkreis. Legen Sie dann die grünen Flügel mit den ange-schnittenen Augen links auf rechts auf den orangefarbenen Eulenkörper. Step-pen Sie die Außenkanten der Applikation und des Eulenkörpers auf den Nahtzu-gaben zusammen. Anschließend applizieren Sie die anderen Kanten auf den Körper. Applizieren Sie dann die Augenkreise. Positionieren Sie den Schnabel wie eingezeichnet leicht unterhalb der Augen und nähen Sie ihn an der Ober-kante mit einer Raupennaht fest (s. S. 60).

### Für beide Modelle:

Nähen Sie das Gurtband wie eingezeichnet auf die rechte Seite des orangefar-benen Kissenteils, die Enden zeigen zur Stoffkante. Nun steppen Sie das Volu-menvlies auf die Nahtzugabe der linken Stoffseite des grünen Rutschteils. Nähen Sie beide Rutschteile rechts auf rechts rundum bis auf ein Wendeloch mit 1 cm Nahtbreite zusammen. Achten Sie darauf, das freiliegende Gurtteil nicht aus Ver-sehen mitzufassen. Schneiden Sie die Nahtzugaben an den Rundungen ein bzw. an den Ecken zurück und wenden Sie das Rutschkissen. Nähen Sie das Wen-deloch unsichtbar von Hand zu.

# Materialien und Zubehör

### Baumwolle

ist eine Naturfaser mit guten Eigenschaften und wird in unterschiedlichen Geweben und Ausrüstungen angeboten. Am häufigsten sind bunte Druck- oder Webstoffe und feinere Popeline. Canvas ist wie Köper/ Jeans ein strapazierfähiger Stoff in Leinwand- bzw. Köperbindung. Frottier ist ein Gewebe mit Schlingen. Im Trend liegen zurzeit beschichtete Baumwollstoffe und Wachstuche, da diese durch ihre Beschichtung schmutz- und wasserabweisend ausgerüstet sind. Zeltstoff ist ein sehr dichtes Gewebe, das speziell gegen Witterungseinflüsse ausgerüstet wird.

### Outdoormaterialien

werden überwiegend aus Chemiefasern oder in Gemischen hergestellt. Die hier verwendeten Gewebe sind alle extrem haltbar, robust, reißfest, schnelltrocknend, gut zu verarbeiten und pflegeleicht.

Nylon ist ein Gewebe aus sehr feinen Polyamidfasern. Mit Ripstop als Verstärkung gearbeitet, wird Nylon auch als Spinnaker oder Drachenstoff verkauft.

Cordura ist ein Gewebe aus hochfesten Polyamidfasern und damit abriebfest, noch robuster und zudem temperaturbeständig.

Netzstoffe sind löcherig gewirkte Gewebe mit geringem Gewicht und leichter Elastizität aus Polyester oder Polyamid.

Filz ist ein Flächengebilde aus Woll- oder Chemiefasern, das durch Vernadeln oder Walken hergestellt wird. Filz ist formbeständig und für kreatives Arbeiten ideal.

Softshell ist meist eine synthetische Funktionstextilie aus einem Innenstoff mit auflaminierter Außenschicht.

### Bänder und Schnallen

Einfassbänder gibt es u. a. als vorgefalzte Schrägbänder aus Baumwolle oder als elastische Bänder mit eingearbeiteter Umbruchkante.

Gurtbänder gibt es in verschiedenen Breiten, Dicken, Materialien und Bindungsarten. Langlebig sind Gurte aus Polypropylen. Sicherheitsgurte liegen voll im Trend.

Schnallen Um Gurte längenvariabel zu verbinden, eignen sich Steckschnallen in Kombination mit Verstellern und Schlaufen. Annähbare Karabiner dienen der einfachen Befestigung von Gurten oder Gegenständen mit Schlaufen bzw. D-Ringen.

### Einlagen

Alle hier verwendeten Einlagen sind bis ca. 30° C im Feinprogramm waschbar. Richten Sie sich bei Bügeltemperatur und -dauer nach den Herstellerangaben.

Ein aufbügelbares Vlies mit lederähnlichem Griff wird unter dem Markennamen Decovil angeboten. Es ist sprungelastisch, knickunempfindlich, reißfest und gut nähbar.

Beidseitig aufbügelbare Vliese (z. B. Vliesofix) eignen sich sehr gut, um Stoffe zum Applizieren auf dem Untergrundstoff zu fixieren. Mit Hilfe von aufbügelbaren Vliesen lassen sich Stoffe quer und längsstabil fixieren (z. B. Quilter's Grid, Vlieseline H 250). Die Teile können dann schneller, exakter und sicherer zugeschnitten und zusammengenäht werden.

Volumenvliese gibt es zum Einnähen und Aufbügeln in verschiedenen Dicken. Es verleiht den Modellen mehr Volumen und Stand. Aufbügelbare Volumenvliese sind z. B. Vlieseline H 630 und H 640.

Einlagen mit Thermofunktion sind verfestigte Vliese, die eine isolierende Wirkung haben. Die Vliese (z. B. Insul Bright, das mit einer eingearbeiteten Reflexfolie ausgestattet ist, und Thermolam) sind nicht aufbügelbar, sondern werden eingenäht.

# Grundbegriffe des Nähens

## Nadeln

Für die Modelle in diesem Buch sind Näh-maschinen-Standardnadeln in Stärke 80 eine gute Wahl. Für die Outdoormateriali-en verwenden Sie am besten Microtex-Na-deln. Für Handstiche sollten Sie immer eine Auswahl an Universalnadeln bereit-halten. Grundsätzlich gilt: Je dicker und fester der Stoff, desto dicker die Nadel.

## Stecken

Stecknadeln sind unverzichtbar zum Fixie-ren der Stofflagen. Stecken Sie hierbei die Nadeln quer zur Nahtrichtung. Bei emp-findlichen und beschichteten Stoffen eig-nen sich Foldback-Klammern sehr gut, um ein Verrutschen der Stoffteile zu verhindern.

## Garne

Achten Sie bei der Garnauswahl stets auf gute Qualität. Bei diesen Modellen hat sich Synthetikgarn bewährt. Für Applikationen können auch leicht glänzende Stickgarne verwendet werden.

## Waschen

Die Stoffmenge bei allen Modellen bezieht sich auf den tatsächlichen Verbrauch. Ein Einlaufen der Stoffe durch Waschen ist nicht berücksichtigt. Wenn Sie Ihre Modelle wa-schen möchten, sollten Sie entsprechend mehr Stoff kaufen und diesen unbedingt bereits vor dem Zuschnitt waschen. Beach-ten Sie bitte die Waschempfehlungen des Herstellers.

## Messen und Schneiden

Zum Zuschneiden des Stoffes benötigen Sie eine Stoffschere und am besten auch einen Rollschneider mit Schneidelineal und Schneideunterlage. Bei den Vorlagen im Buch sind die Nahtzugaben bereits enthal-ten. Die Breite beträgt jeweils 1 cm, falls nicht anders angegeben. Zur Schnitterstel-lung, beim Maßnehmen und zum exakten Zuschnitt von geometrischen Flächen sind ein Patchworklineal und ein Maßband wichtig.

## Stoffbruch

Legt man Stoff doppelt, entsteht eine Faltli-nie, die als Stoffbruch bezeichnet wird. Auf einem Schnitt bezeichnet der Bruch die Mitte eines Schnitt-Teils und ist meist als durchbrochene Linie dargestellt. Der Schnitt wird mit dieser Linie ohne Nahtzu-gabe an die gefaltete Kante des Stoffs an-gelegt.

## Fadenlauf

Jedes Gewebe besteht aus Kettfäden (längs) und Schussfäden (quer). Der Faden-lauf entspricht der Richtung der Kettfäden und verläuft parallel zur Gewebekante. Beim Zuschnitt legen Sie den im Schnitt-muster eingezeichneten Fadenlauf bzw. die Bruchkante parallel zur Stoffkante.

## Stoffseiten

Jeder Stoff hat eine rechte und eine linke Seite. Die rechte Seite entspricht der Stoff-außenseite. Bei bedruckten Stoffen ist hier das Muster deutlicher zu sehen. Bei Wachs-tuch ist die Beschichtung auf der rechten Seite, bei vielen Outdoorstoffen liegt diese auf der linken Seite. Wenn Sie in der Anlei-tung lesen „Stoffe rechts auf rechts aufein-anderlegen", so bedeutet dies, dass die Stoffaußenseiten innen liegen.

## Fadenspannung

Je nach Stoffart und -dicke muss die Faden-spannung der Nähmaschine nachreguliert werden, damit keine Garnschlaufen entste-hen. Am besten zunächst ein kleines Test-stück anfertigen.

## Schnitte kopieren

Um halb gezeichnete Schnitt-Teile als Gan-zes zu kopieren, ein ausreichend großes Stück Papier zur Hälfte falten und mit dem Falz an die entsprechende Linie legen, ab-zeichnen und im gefalteten Zustand exakt ausschneiden.

# Nähtechniken

### Nähmaschinenstiche

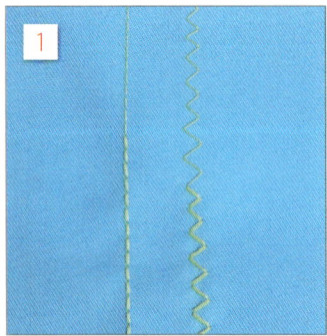

Die am häufigsten verwendeten Stiche sind der gerade Steppstich und der Zickzackstich. Für stark beanspruchte Nähte empfiehlt sich ein Dreifach-Stich.

### Verriegeln und Versäubern

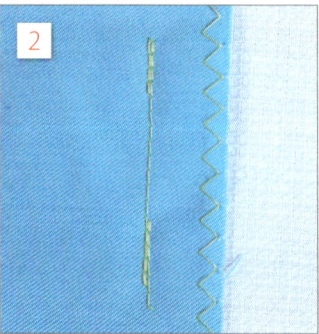

Jede Naht wird zu Beginn und am Ende jeweils mit ein paar Vor- und Rückstichen verriegelt. Offene Schnittkanten können z. B. mit Zickzackstichen versäubert werden.

### Verstürzte Naht: gerade Kante

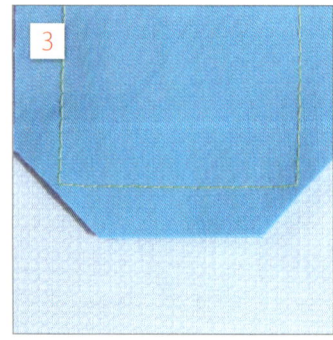

Vor dem Wenden von eckigen Formen müssen die Nahtzugaben an den Ecken bis ca. 1 bis 2 mm an die Naht (nicht weiter!) schräg abgeschnitten werden.

### Verstürzte Naht: Rundungen

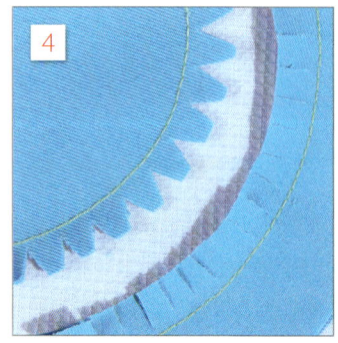

An Rundungen werden die Nahtzugaben in kleinen Abständen bis ca. 1 mm vor die Naht eingeschnitten bzw. aus der Nahtzugabe kleine Dreiecke ausgeschnitten.

### Seitenstreifen ansetzen

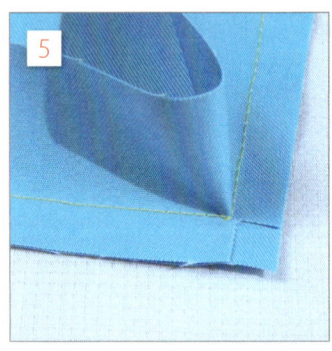

Am Eckpunkt die Nahtzugabe des Seitenstreifens bis zur Naht einschneiden. Dann den Stoff für die nächste Naht wieder gerade unter die Maschine legen.

### Applikationen vorbereiten

Motiv auf das Schutzpapier aufzeichnen, grob ausschneiden, auf die linke Stoffseite aufbügeln und exakt ausschneiden.

### Applikationen aufbügeln

Trägerpapier abziehen, mit der beschichteten Seite nach unten auf die gewählte Stelle aufbügeln. Applikationen aus fransenden Stoffen werden mit einer Raupennaht aufgenäht.

### Raupennaht

Dies ist ein sehr enger und mittelbreiter Zickzackstich (Stichlänge bis 1, Stichbreite 2–3). Nichtfransende Stoffe können auch mit Steppstichen appliziert werden.

### Reißverschluss

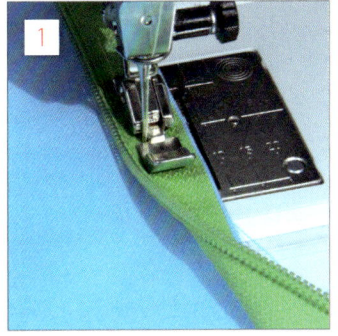

Reißverschlussband rechts auf rechts auf die Nahtzugabe legen, Zähne zeigen zur Mitte des Teils. Dicht neben den Zähnen aufnähen. Evtl. von rechts noch schmal absteppen.

### Zipper auffädeln

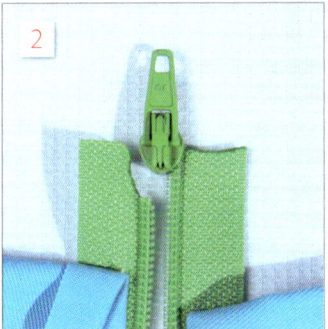

Bandenden verschmelzen. Den Zipper mit der breiten Seite auf die Zähne eines Bandes aufziehen, das 2. Band anschneiden, einfädeln und den Reißverschluss zuziehen.

### Kante mit Band einfassen

Das vorgefalzte Einfassband eventuell noch 1x zur Hälfte bügeln. Auf beiden Seiten gleich weit um die Stoffkante legen und von der rechten Seite aus schmal aufnähen.

### Rundungen einfassen

Bei runden Teilen wird das Einfassband zunächst an den Enden rechts auf rechts zusammengenäht, dann um die Kante gelegt und von rechts aufgenäht.

### Kellerfalten legen

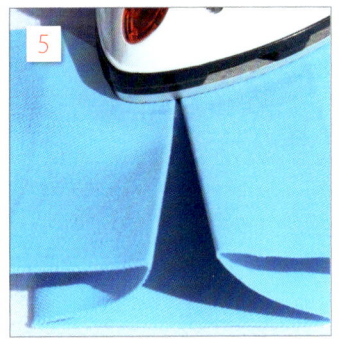

Den oberen Faltenbruch (siehe Schnitt-Teil 8b) auf die Faltenmitte bügeln. Die Bruchkante schmal absteppen. Die Falten wie beschrieben geschlossen fixieren.

### Schlaufen annähen

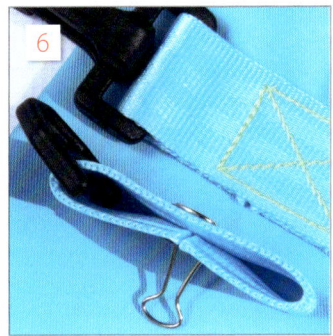

Eine Schnittkante 1 cm breit nach links einschlagen oder das Band doppelt legen, sodass die Bandenden an der Unterseite aneinanderstoßen, mit durchkreuztem Quadrat aufnähen.

### Steckschnallen befestigen

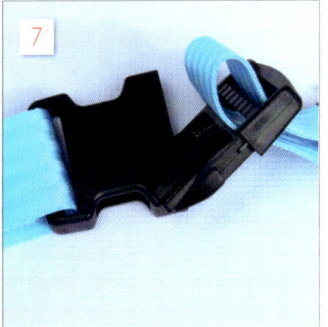

Bänder sowohl am männlichen als auch am weiblichen Teil in die Stege einfädeln. Die Enden am Stoff oder am Gurt mit einem durchkreuzten Quadrat festnähen oder säumen.

### Verstellbare Gurte

Gurtende um den Mittelsteg des Verstellers legen und festnähen. Anderes Ende durch die Schlaufe und zurück durch den Versteller ziehen.

## Impressum

Idee, Entwürfe und Realisation: Carmen Dahlem

Lektorat: Beate Schmitz

Redaktion: Angelika Klein

Fotos: Florian Bilger

Styling: Carmen Dahlem

Stepfotos: Carmen Dahlem

Schnittbogen: Beate Schmitz

Satz: Arnold & Domnick, Leipzig

Umschlaggestaltung: GrafikwerkFreiburg

Reproduktion: Meyle + Müller GmbH & Co. KG, Pforzheim

Druck und Bindung: Himmer AG, Augsburg

ISBN 978-3-8410-6203-1

Art.-Nr. OZ6203

© 2013 Christophorus Verlag GmbH & Co. KG Freiburg

## Hersteller/Bezugsadressen

- Buttinette, Wertingen
  www.buttinette.com
- Daimer Filze, München
  www.daimer-filze.de
- Extremtextil, Dresden
  www.extremtextil.de
- Freudenberg, Weinheim
  www.vlieseline.de
- griffBereit, Freiburg
  www.griffbereit-design.de
- Kivanta, Weilburg
  www.kivanta.de
- Michas Stoffecke, Grünwald
  www.michasstoffecke.de
- Union Knopf, Bielefeld
  www.unionknopf.de

Den oben stehenden Firmen möchten wir für die freundliche Unterstützung durch die Bereitstellung von Materialien danken.

## ☎ Kreativ-Service

Sie haben Fragen zu den Büchern und Materialien? Frau Erika Noll ist für Sie da und berät Sie rund um alle Kreativthemen. Rufen Sie an! Wir interessieren uns auch für Ihre eigenen Ideen und Anregungen. Sie erreichen Frau Noll per E-Mail: mail@kreativ-service.info oder Tel.: +49 (0) 5052 / 91 18 58 Montag bis Donnerstag: 9–17 Uhr / Freitag: 9–13 Uhr

Besuchen Sie uns im Internet: www.christophorus-verlag.de